AF224227

CAUSES PRINCIPALES

QUI

COMPROMETTENT EN FRANCE

LA

STABILITÉ DU GOUVERNEMENT.

10 DÉCEMBRE 1850.

BORDEAUX,

IMPRIMERIE RAGOT, RUE DE LA BOURSE, 11.

DES

CAUSES PRINCIPALES

QUI

COMPROMETTENT EN FRANCE

LA

STABILITÉ DU GOUVERNEMENT.

> La vérité se trouvera en f.isant appel à toutes les intelligences, en ne repoussant rien avant de l'avoir approfondi, en adoptant tout ce qui aura été soumis à l'examen des hommes compétents, et qui aura subi l'épreuve de la discussion.
>
> (MESSAGE DU PRÉSIDENT, *du 6 juin 1849.*)

Rechercher les causes principales qui compromettent dans notre pays la stabilité du Gouvernement, et indiquer les moyens d'y remédier, ne serait-ce pas faire acte de la plus haute philantropie?

Qu'il nous soit permis de nous livrer à cet examen, d'autant plus nécessaire en ce moment, que le bien-être des masses tient essentiellement à la solution de cette question.

Parmi les causes nombreuses qui concourent à l'ébranlement du pouvoir, parce qu'elles surexcitent la fièvre politique qui

1850

exalte tant de gens, les plus sérieuses à nos yeux résultent de bases actuelles,

De l'Administration publique ;

Et de la répartition des impôts ;

Qui s'écartent incontestablement des vœux et des besoins des populations.

Pour satisfaire aux lois de l'équité et aux exigences bien naturelles des esprits,

L'administration publique ne doit-elle pas être simple dans ses rouages, prompte dans ses décisions et toujours bienveillante et paternelle?

Et l'impôt, réduit autant que possible et constamment proportionnel, ne doit-il pas être perçu avec les formes les plus douces et les plus persuasives?

Mais,

L'administration publique et la perception des impôts

Satisfont-elles complètement à ces deux conditions essentielles de tout gouvernement qui tient à sa conservation?

Évidemment, NON.

Justifierons-nous par des citations une assertion qui frappe tous les regards, toutes les intelligences? Ce serait complètement superflu sans doute, car il n'est pas un fonctionnaire expérimenté, consciencieux, qui ne nous vînt en aide pour démontrer combien les formes administratives et fiscales sont susceptibles de profondes modifications, non moins favorables au trésor public qu'aux contribuables.

D'ailleurs, l'opinion générale n'est-elle pas unanime sur ce point, et la presse ne cite-t-elle pas chaque jour des faits nombreux qui justifient ce sentiment public?

La tribune nationale n'a-t-elle pas signalé mille fois ces interminables rouages qui entravent incessamment la marche des affaires administratives les moins importantes, et nos plus honorables ministres n'ont-ils pas reconnus eux-mêmes la légitimité de ces observations, en manifestant hautement l'intention d'entrer promptement dans la voie d'une réforme reconnue indispensable?

Quelle est donc la puissance occulte qui met obstacle à une réforme qui est dans l'esprit de tous, du gouvernement comme des administrés?

Ces considérations rendent encore plus imminente la nécessité d'examiner les deux questions que nous venons de poser; puissions-nous les résoudre dans l'intérêt général.

De l'Administration publique.

> A quoi me suis-je engagé en acceptant les suffrages de la nation ?
> A provoquer toutes les améliorations et toutes les économies possibles ;
> A diminuer les abus de la centralisation.
> (MESSAGE DU PRÉSIDENT, *du 6 juin* 1849.)

Il semble que l'administration publique de notre pays n'ait été organisée que pour occuper le plus grand nombre possible de personnes, comme si les contribuables ne devaient pas en souffrir dans l'expédition de leurs affaires ; comme s'il ne devait pas en résulter plus de dépenses pour nos finances.

Mais, dans un autre temps, sous l'empire des chartes de 1814 et de 1830, où le droit électoral était infiniment restreint, une considération politique n'a-t-elle pas conduit le Gouvernement vers cet accroissement immodéré du personnel administratif : l'espoir de s'entourer, par ce moyen, d'une majorité plus imposante ?

Mais, aujourd'hui, la loi du 13 Mai ne rend elle pas cette surabondance de fonctionnaires complètement inutile, puisqu'il est bien démontré que le gouvernement ne peut, avec ce nouveau principe électif, exercer d'influence sur les masssc, que par une administration forte, paternelle, parfaitement libérale, c'est-à-dire, protectrice éclairée de tous les droits ?

Qu'il nous soit permis, à ce propos, de faire une citation.

Montesquieu nous disait, il y a quatre-vingts ans, dans son
Esprit des Lois :

« *La finance détruit le commerce par ses injustices, par ses vexa-*
« *tions, par l'excès de ce qu'elle impose, mais elle le détruit encore*
« *indépendamment de cela par les difficultés qu'elle fait naître et les*
« *formalités qu'elle exige. En Angleterre, où les douanes sont en ré-*
« *gie, il y a une facilité de négocier singulière : un mot d'écriture*
« *fait les plus grandes affaires, il ne faut point que le marchand*
« *perde un temps infini et qu'il ait des commis exprès pour faire cesser*
« *toutes les difficultés des fermiers ou pour s'y soumettre.* »

Avons-nous retiré quelque profit de cette judicieuse remarque?
Loin de là.

Tandis que nos voisins d'outre-mer sont entrés plus avant encore dans la voie qui facilite les transactions, en France, des difficultés nouvelles ont été ajoutées à celles que Montesquieu blâ-
mait avec tant de justice.

Il y a donc une nécessité rigoureuse et incontestable pour le
pouvoir d'entrer promptement dans une très-grande voie de
réforme administrative.

Réforme *dans les voies et moyens d'expédition des affaires ;*

Réforme *dans le personnel administratif ;*

Deux choses qui se lient entre elles.

La réforme des voies et moyens serait aisément et bien vite obte-
-nue en distinguant la propriété générale à la France, de la propriété particulière à la localité.

Ainsi, les monuments historiques, les monuments publics, les grandes voies de communication, appartiennent à la première espèce, tandis que le surplus demeure dans le domaine de la seconde.

Que dans les choses qui se rapportent à la propriété générale le Gouvernement fût omnipotent, cela se conçoit;

Mais dans les choses qui se rapportent à la propriété locale, ne serait-il pas juste que la souveraineté appartînt à l'autorité municipale?

Il est bien vrai que les communes sont mineures, et, par conséquent, placées sous la surveillance du Gouvernement, son tuteur naturel; mais, pourquoi les Préfets et Sous-Préfets, ces agents officiels et directs du Gouvernement, n'auraient-ils pas des pouvoirs plus étendus, quand il s'agit de choses où en réalité le Gouvernement n'a que faire, puisqu'elles n'intéressent que la localité?

L'axiome, *qui peut le plus peut le moins*, n'est-il pas renversé quand un préfet a, sous sa responsabilité, et sauf à rendre compte, le pouvoir immense de faire arrêter sur son siége le magistrat le plus éminent, et n'a, d'un autre côté, ni le pouvoir de permettre le passage d'un batelet sur une rivière, ni le pouvoir, dans certain cas, de permettre une dépense de vingt-cinq centimes, *sans une autorisation ministérielle.*

Comment est-il possible de s'expliquer cette anomalie, et n'est-il pas permis d'en signaler le ridicule?

Mais ne peut-on pas trouver la cause réelle de ce fait dans notre égoïsme qui nous excite à user sans mesure de notre pouvoir, et dans notre méfiance habituelle à l'égard d'autrui?

Mais cet abus d'autorité dans les régions supérieures, ne se manifeste-t-il pas aussi au bas de l'échelle?

Une enquête consciencieuse démontrerait bientôt les vices dont nous nous plaignons !

Pourquoi chaque fonctionnaire, dans sa spécialité et pour des choses dans lesquelles il est seul compétent, n'a-t-il pas une liberté suffisante d'action?

C'est en cela seulement que réside la décentralisation comme le désirent les honnêtes gens qui ont acquis quelque expérience des affaires publiques ; décentralisation nécessaire, autant dans l'intérêt des contribuables, que dans celui de l'Etat.

La réforme dans le personnel, conséquence naturelle de la réforme des voies et moyens, serait obtenue ensuite par l'admission au traitement de réforme de quelques employés pris parmi les moins anciens et parmi les moins âgés; l'admission à la retraite de ceux qui ont fait la majeure partie de leur temps; l'admission de bon nombre d'entre eux à d'autres fonctions dans les créations nouvelles de canaux, de chemins de fer et de lignes télégraphiques.

Nous parviendrions de cette manière, presque sans secousse, à simplifier considérablement nos formes administatives.

Mais la réduction du personnel, et les modifications dont nous venons de parler, ne constituent pas la totalité des mesures à prendre.

Nous aurions en outre à établir des règles invariables d'admission aux emplois publics; une hiérarchie obligée parmi les fonctionnaires; la fixation de leur traitement d'activité et de retraite, selon les indications de notre écrit du 17 Mai 1849.

Nous parviendrions bien, il est vrai, à des résultats autrement précieux et significatifs, s'il était possible de soumettre nos mœurs politiques à des habitudes plus grandes, plus nobles, plus généreuses. S'il était possible, par exemple, d'admettre que les fonctions publiques ne fussent considérées par les agents subalternes que comme un moyen d'existence honnête et modeste, et, par les agents élevés, que comme un titre purement honorifique. Alors nous verrions avec bonheur prévaloir les idées déjà émises sur la préférence à donner à l'instruction professionnelle, restreinte à un avenir donné, sur cette instruction prétentieuse, qui excite outre mesure l'ambition de la jeunesse des écoles, au lieu de la fixer sur des idées d'avenir saines et positives. Le père de famille dirigerait alors ses enfants vers les arts libéraux, ou bien, vers l'agriculture et le commerce; l'administration publique ne pouvant plus être considérée comme présentant un grand avenir de fortune.

Mais ce serait là un tout autre régime; et comme celui qui existe a encore en soi de bonnes et excellentes choses, il serait prudent et sage de conserver ce qui est bien, de modifier ce qui est passable, de supprimer ce qui est nuisible.

D'après cela,

Simplifions les formes administratives; réduisons les traitements trop élevés ; donnons aux fonctionnaires plus de liberté d'action et plus de fixité ; faisont qu'ils puissent toujours compter sur la reconnaissance du pays , quand ils n'auront pas cessé de s'en rendre dignes.

Avec ces principes, nous parviendrions à organiser sur les meilleures bases, une bonne et excellente administration, qui répondrait aux besoins et aux vœux de la société, et nous ferions cesser une des causes principales qui compromettent la stabilité du Gouvernement.

De l'Impôt.

> Un autre fait inattendu est venu aggraver la situation. L'impôt sur les boissons, dont le produit dépasse 100 millions, *demandait à être adouci, simplifié par une forme nouvelle qui le mit en harmonie avec l'esprit de nos institutions.* Un amendement rattaché au budget de 1849 l'a aboli à partir du 1er Janvier 1850 et en a prescrit le remplacement.
>
> Il est devenu indispensable maintenant de rétablir l'équilibre entre les dépenses et les recettes. On n'y peut parvenir *qu'en réduisant les dépenses et en ouvrant de nouvelles sources de revenus.*
>
> (Message du Président, *du 6 juin 1849.*)

Le régime actuel des impôts n'est pas le résultat d'une organisation d'ensemble.

Les besoins de l'État sont devenus de jour en jour plus pressants et plus considérables depuis la révolution de 89 ; des impôts nouveaux sont successivement venus se joindre à des impôts déjà établis, quand il n'a pas été possible d'augmenter davantage l'énormité de ces derniers.

Il y a plus, notre organisation départementale et communale, qui permet aux Conseils généraux de voter des centimes additionnels au principal des quatre contributions directes, et aux Conseils municipaux d'user du même mode, indépendamment des octrois qui frappent, sans mesure, d'une taxe nouvelle des objets de consommation déjà taxés par les impôts indirects, a concouru puissamment à détruire ou au moins à compromettre, s'il nous est permis de nous exprimer ainsi, la légitimité de

l'impôt ; en effet, la mesure qui doit être équitablement ob-
servée entre la taxe et l'objet atteint, selon les principes éternels
du droit si éloquemment décrit par MONTESQUIEU, a été le plus
souvent, et presque toujours, dépassée dans des proportions aussi
injustes qu'elles sont imprudentes, tandis que d'autres articles
usuels de consommation, par suite d'un privilége inouï, ou d'un
oubli non moins surprenant, sont complétement délaissés par le
fisc, quoique pouvant cependant produire à l'État des revenus
considérables.

Ce sont là, nous devons le dire, des vices radicaux qu'on ne
saurait trop vite, en bonne administration, faire disparaître ;
mais n'en est-il pas encore quelques autres, beaucoup d'autres
même qui exigent de la part du Gouvernement le plus sérieux
examen, dans l'intérêt général du pays?

Essayons d'en signaler quelques-uns.

En saine logique, l'impôt *dit foncier* ne devrait-il pas, en premier lieu, peser sur la terre dans une proportion relative à sa
valeur, et puis ensuite sur chaque nature de culture dans une
proportion relative à son rendement?

Et l'impôt ne devrait-il pas, par sa quotité, obliger autant que
possible à subordonner le genre de culture à la qualité du ter-
rain qui lui est le plus particulièrement favorable?

Ne serait-il pas juste, en effet, d'encourager la culture de la
vigne, par exemple, dans les terrains rebelles aux céréales, par
le plus faible impôt en cette circonstance, tandis qu'on l'éleverait
bien davantage sur les vignes cultivées dans les terrains propres
à tous les genres de culture ?

Cette remarque s'applique au moins avec autant de justesse

aux BOIS, qu'aux VIGNES : si ce principe eût prévalu dans la répartition de l'impôt, nous n'eussions pas vu s'opérer si imprudemment le déboisement de nos forêts, si préjudiciable à notre marine, et des défrichements considérables, non moins nuisibles à l'agriculture.

On comprendra aisément qu'une question économique d'humanité et d'hygiène publique ressort on ne peut davantage de l'obligation de cultiver la vigne dans les terrains où nul autre genre de culture ne saurait être appliqué avec succès, car c'est particulièrement dans ces terrains que les vins se font remarquer par leur agrément et les meilleurs principes curatifs. Or, il n'est pas indifférent de faire boire au peuple un vin doué de si précieux avantages, ou un vin qui n'a aucune de ces qualités essentielles.

Et, à cette occasion, qu'il nous soit permis en passant de faire une remarque :

Quand les économistes demandent des réformes sur l'impôt qui frappe tel ou tel produit, il semble à quelques-uns que ce soit seulement dans l'intérêt du consommateur, et à d'autres que ce soit seulement dans celni du producteur, comme s'il était possible de séparer ces deux intérêts.

Ou bien que ce soit plutôt pour un genre de produit que pour un autre.

Ou bien encore en faveur d'une localité, au détriment d'une autre localité.

On se trompe étrangement sur les intentions des économistes.

Un intérêt seul les dirige : *l'intérêt général.*

Ainsi, tous les genres de produits et toutes les localités ont leurs sympathies, qu'ils partagent également entre les producteurs et les consommateurs.

Mais les économistes ont l'habitude de juger des choses dans leur ensemble et non dans leurs détails, et c'est là ce qui excite contre eux tant de critiques et l'inertie qu'on oppose à leurs enseignements.

Mais, suivons le cours des observations que nous inspire notre dévoûment à la chose publique.

Si nous désirons d'une part faire disparaître du budget, des recettes qui compromettent la stabilité de l'État, parce qu'elles excitent contre lui les masses que ce genre d'impôt blesse si vivement; d'un autre côté, nul ne sait mieux que nous, et ce sentiment est très-heureusement partagé de chacun dans tous les pays du monde, que, profitant des avantages précieux qui résultent pour nos propriétés, pour nos industries, pour notre commerce, pour le bien-être de nos personnes, des dépenses considérables que l'État paie pour l'entretien des cultes, de l'université, de la magistrature, de la force publique et pour l'entretien des grands travaux de viabilité qui facilitent la circulation des hommes et des choses, il est juste, il est souverainement équitable que nous nous prêtions avec le plus louable patriotisme à ce qu'il impose avec mesure,

Nos propriétés de ville et nos propriétés rurales ;

La profession, l'industrie, le commerce, auxquels nous nous livrons ;

Et enfin, les marchandises de toute nature, mais SEULEMENT *dès le point de départ de la manufacture, afin de ne pas en entraver la circulation.*

Mais si, *dans son ensemble,* l'impôt doit être proportionnel aux besoins incontestés de l'État ; *dans ses détails,* il ne saurait non plus, sans la plus révoltante injustice, s'écarter de la proportionnalité relative.

AINSI, dans des situations identiques, l'impôt ne doit offrir aucune variété dans sa quotité.

AINSI, il est bien établi que, quand le sol a payé l'impôt, quand la culture qui le recouvre a payé l'impôt,

Que les produits de cette culture présentent une tranformation,

Du jus de raisin en vin ou en spiritueux ;

De la pcmme de terre en fécule ou en alcool ;

Du jus de betterave en sucre ;

Des pommes et des poires, du houblon et du grain, en cidre, en poiré ou en bière.

Tous ces produits ayant déjà été taxés, comme nous venons de le dire, selon la qualité du sol et le genre de culture, ne sauraient l'être une seconde fois sous quelque prétexte que ce puisse être, et doivent jouir de la plus absolue liberté de circulation, sous la réserve de faire payer une licence , à un taux sagement calculé , aux marchands en gros et en détail, de ces produits divers.

Ainsi, il nous sera loisible, sans doute, d'exercer deux professions et d'avoir deux genres de commerce, comme nous avons la faculté de vendre des boissons dans deux débits ; mais alors nous devrons équitablement payer à l'État, non pas seulement la plus forte patente des deux professions, selon les règles actuelles, mais deux patentes, comme nous avons à payer deux licences.

Il est aisé de saisir que par l'application rigoureusement faite dans l'intérêt du fisc et des contribuables de ces dispositions, les industriels, les commerçants, les débitants, ne feront en réalité que l'avance du droit qui retombera en définitive sur le consommateur, et nous entrerons ainsi dans la voie de la plus parfaite équité, en nous conformant aux très-sages enseignements de Montesquieu, qui nous dit dans son Livre immortel :

Les droits sur les marchandises sont ceux que les peuples sentent le moins, parce qu'on ne leur fait pas une demande. Ils peuvent être si sagement ménagés, que le peuple ignorera presque qu'il les paie. Pour cela, il est d'une grande conséquence que ce soit celui qui vend la marchandise qui paie le droit. Il sait bien qu'il ne paie pas pour lui ; et l'acheteur, qui dans le fond le paie, le confond avec le prix.

Il y a deux royaumes en Europe où l'on a mis des impôts très-forts sur les boissons ; dans l'un le brasseur seul paie le droit ; dans l'autre, il est levé indifféremment sur tous les sujets qui consomment. Dans le premier, personne ne sent la rigueur de l'impôt, dans le second il est regardé comme odieux ; dans celui-là, le citoyen ne sent que la liberté qu'il a de ne pas payer ; dans celui-ci, il ne sent que la nécessité qui l'oblige...

AINSI, toutes les marchandises, n'importe leur nature,

Fer ou *papier*,

Cuir ou *laine*, *etc.*, *etc.*

seront soumises, avant leur sortie de la manufacture, au paiement d'un droit, proportionnel à leur valeur.

Et puis ensuite, ces marchandises arriveront à leur destination libres d'entraves, exemptes de droits nouveaux, parce que tous, armateurs, banquiers, négociants, industriels, marchands, débitants, seront soumis au paiement d'une patente dont le taux sera subordonné à la localité qu'ils habitent, au développement de leurs affaires, à la somptuosité de leur logement, de leur mobilier et à toutes les conséquences, enfin, qui résultent de leur position sociale.

Comme on le voit, cette combinaison nouvelle de répartition des charges publiques entre tous les citoyens, conduit naturellement *à la suppression des octrois et du droit de circulation sur les boissons*, impôts considérés à bon droit comme étant la cause première et la plus importante de la désaffection des masses à tous les gouvernements que nous avons vu s'élever et tomber depuis soixante ans.

Mais, dira-t-on, en supprimant les octrois comment pourvoir aux dépenses des villes?

Et ce système, qui met dans les mains de l'État à-peu-près toutes les ressources financières, ne tend-il pas à rendre la mise en tutelle des communes encore plus absolue ?

Nous espérons pouvoir répondre à ces questions aussi péremptoirement que nous l'avons déjà fait aux questions précédentes.

Sur la première question, nous dirons :

Les revenus des communes se composent aujourd'hui,

Du produit de leurs biens,

Du produit du plaçage dans les foires et marchés ;

Et du produit des octrois, déduction faite du dixième revenant au Trésor-public.

Nous proposons de conserver aux communes leurs revenus naturels et les droits de plaçage, puis, de substituer aux octrois une subvention du Gouvernement en leur faveur, équivalente au cinquième du produit net des quatre contributions directes et des licences pour la vente en gros et en détail des sucres, des vins, liqueurs, alcools, cidres, poirés et bières.

Nous estimons qu'une répartition plus équitable de l'impôt foncier, des patentes et des licences, accroîtrait les revenus publics dans une proportion qui doublerait très-probablement la perte résultante de la suppression des droits de circulation sur les liquides et de la suppression des octrois.

Il n'y aurait donc de déficit, ni pour l'État, ni pour les communes à octrois. Tous les services publics, notamment ceux qui se rapportent à la sûreté générale, à l'entretien des voies départementales et communales, et à l'assistance publique, obtiendraient de la sorte les plus précieuses améliorations, car, ces nouvelles ressources permettraient aux communes de se charger de l'entretien de toutes leurs voies de communications; de pourvoir au casernement d'une brigade de gendarmerie dans chaque chef-lieu de canton, où elles formeraient, en outre, une maison de refuge, de santé et de travail agricole, dans laquelle seraient admis les enfants et les vieillards malades ou infirmes et les ouvriers temporairement inoccupés. Nous ferions ainsi disparaître à jamais le paupérisme, si nuisible à la morale et à la sûreté publiques.

Sur la deuxième question, voici notre réponse :

On voit d'après les idées précédemment exprimées qu'il n'est nullement question de gêner la liberté des communes, ni de dépopulariser les magistrats municipaux ; bien au contraire :

Les communes concourraient, avec les agents du gouvernement, à la formation des rôles des contributions, dont le recouvrement serait confié à ces derniers ;

Les communes seraient chargées de diriger elles-mêmes, sur un budget arrêté par le Conseil municipal et cantonnal, approuvé par le Préfet du département, l'emploi, au mieux de leurs intérêts, des revenus de leurs biens, des droits de plaçage et du cinquième attribué par l'Etat sur l'ensemble des quatre contributions directes et sur les licences ;

Et les octrois, et les prestations en nature, disparaissant heureusement par l'effet de ce nouveau système, le prélèvement de ces taxes, ne serait plus pour nos magistrats une cause incessante d'éloignement et de désaffection.

Conclusion.

Comme on vient de le voir, chacun aurait sa part d'avantages dans ce nouvel ordre de choses :

L'État, des revenus plus considérables ;

Les Magistrats, plus d'initiative et de popularité ;

Le Propriétaire, l'Industriel, le Commerçant, la plus grande liberté matérielle, si nécessaire au développement de leurs entreprises spéculatives ;

Le Consommateur, le bien-être résultant de la vie à bon marché ;

Les Gens pauvres, l'assistance la mieux entendue et la plus libérale ;

Et la sureté de tous serait garantie par une organisation plus complète de la force et de l'assistance publiques.

Ainsi se réaliseraient enfin les vœux et les espérances des gens d'ordre, formant la très-grande majorité de la nation, qui, dans tous les temps et sous tous les régimes , ont été unanimes pour que le pouvoir fût fort, très-fort, et juste envers tout le monde.

Qu'il nous soit maintenant permis d'ajouter à ces vœux, ces mots :

La stabilité du Gouvernement est a ce prix. Il vaut donc bien la peine qu'on y accède, si on ne préfère poursuivre des chimères et vivre dans un état d'agitation perpétuelle.

Bordeaux, le 10 Décembre 1850.

BARREYRE aîné.